I0845650

Querido yo

Conviértete en un maestro desde lo positivo

Ariany Calles

JURADO
Grupo Editorial

Quiero dedicar este libro a mis hijos, a mis padres, a mis hermanos, a mis tías, a mis primas, a mis parejas y a todas las personas que han sido mis maestros. A mis amigos y a los enemigos, a lo bueno y a lo malo, a la risa y al llanto, a la salud y a la enfermedad. Porque sólo en ellos comencé a manifestar la evolución y el crecimiento de mi camino interior.

Agradezco a la vida, principalmente, por darme tantos golpes que me llevó a cuestionarme, porque solamente cuando llegas al punto de cuestionarte es cuando comienzas a buscar respuestas. Así que agradezco a la vida por haberme incitado y empujado a buscar respuestas.

Índice

Querido yo conviértete en un maestro desde lo positivo

Este libro que pretende ilustrar los sentimientos de una mujer cuando decide quererse, luego de pasar por el claro oscuro de la vida. Luego de rozar el dolor y de vivir el calor personal. *Querido yo* es el fortalecimiento de uno misma, es todo lo que quisiéramos decirnos y no creemos. Es muy fácil hablar, lo he dicho varias veces en mis libros, es muy fácil pensar que se puede hacer, puede ser fácil escuchar y opinar; pero realmente hacer el cambio en tu interior y manifestarlo en tu conducta diaria, es sumamente complicado.

Querido yo son unos momentos de reflexión diaria para recordarnos que si podemos, unos minutos que nos podemos dedicar en el día a cualquier hora, en cualquier momento para recordar "para recordarte" a mi *Querido yo* cuánto me quiero, para recordarle a mi *Querido yo* cuánto necesito, para recordarle a mi *Querido yo* cuánto tenemos que trabajar para concientizar el cambio, ese verdadero cambio interior que nos lleva de la mano a convertirnos en un maestro en positivo. En una guía para el otro desde el amor, la aceptación y el entendimiento.

Capítulo 1

El llamado que despertó la duda

Los cambios no llegan de la noche a la mañana, el cambio tiene que venir del interior no importa cuantas situaciones de vida nosotros vivamos una y otra vez si no hay la suficiente inteligencia emocional para manejarlo no vamos a poder manifestarlo en nuestra vida diaria: si no hay manifestación de la acción no hay proceso de cambio. El único proceso de cambio que hay es el que se manifiesta en nuestra conducta diaria, si nosotros pensamos que debemos hacer las cosas de otra manera, lo conversamos, lo piensas y lo piensas; pero no logras manifestar y ejecutar la acción no habrá cambio. El cambio sólo ocurrirá, realmente ocurrirá, cuando ya se ha convertido en un hábito y cuando ya tu cerebro lo vea como algo normal dentro de tu conducta: como cepillarse los dientes; como caminar, como respirar. En el momento que tú entiendas *Querido yo*, que amarse tiene que ser tan natural como comer, tan natural como respirar, tan natural como caminar, ese día podrás decir y afirmar que has sanado, que cambiaste y que tu inteligencia emocional está en otro nivel.

Mi *Querido yo* es un libro para todos los que queremos ser una influencia en positivo para nosotros y para todos los que tenemos a nuestro alrededor; para mi *Querido yo* que puede ser tu *Querido yo*, puede ser la querida yo del universo entero incluso mi *Querido yo*.

A mí me llamo: "querida yo" y me considero una mujer inteligente, sensata, empresaria, madre, reina de belleza, con muchísimas cualidades; pero mi querida yo se esconde, mi querida yo también sufro, mi querida yo a veces se deja vencer por el miedo, por eso mi querida yo, que eres también tú, se pierde en lo que creemos que debemos ser; pero lo que yo quiero que encuentres en ti es la certeza, de que tú y solo tú, tiene el control de ser quien desea ser en positivo. En mi *Querido yo* encontrarás lo que todos nos queremos decir: lo que le quieres decir a tu *Querido yo* sin juzgar, sin regaños, sin señalamiento, pero sí con firmeza y con el reclamo propio de vivir el cambio necesario para tener una mejor vida. Quizás la única manera de tener una mejor vida es entendiendo que abandonar lo que nos hace daño, soltarlo, es el secreto para triunfar. Sin dominio, sin manipulación, entregándole al Dios diosa la fuerza entera de la situación, No podemos controlar todas las situaciones, no podemos dominar hay, que aprender a fluir; sólo fluyendo seremos felices y eso es lo que tiene que ver con la inteligencia emocional. Al perder el control, al quitar el control de afuera, al soltar el control y tener la fe y convicción de dejar las decisiones a la vida; que la vida decida por ti. Así comenzarás a ser feliz soltar, soltar y soltar es lo único que nos puede llevar realmente aal triunfar, bienestar y a la plenitud.

Existen muchas situaciones en la vida que vienen de la mano de una emoción, de un sentimiento. Podemos hablar por ejemplo: de que existe la maldad, existe la bondad, existe la envidia, el odio; pero también existe el amor. No hay ninguna fuerza maligna o negativa que no pueda ser combatida con amor y con el poder de Dios, pero solamente podemos ver eso con claridad cuando nos desapegamos, cuando soltamos y cuando entendemos que no tenemos el control de todas las situaciones.

No tenemos control de absolutamente nada solamente tenemos control de lo que podemos pensar y sentir y allí es donde está la verdadera magia, la magia de socializar y de construir, la magia de coquetear con tu sueño, tu realidad y el futuro que quieres tener. Es cuando te das cuenta de que lo único que puedes controlar son tus pensamientos, que vienen de la mano de tus emociones. Tus palabras son la fuerza más grande que tiene el universo entero, las palabras son decreto y lo que hablas se manifiesta. Eres presa de tus pensamientos manifestados a través de la palabra como un decreto, tanto positivo como negativo. Si en tus pensamientos y palabras solamente encuentras desilusión, tristeza, envidia y maldad, así será tu vida. Si comienzas a pensar positivo, en amor, en felicidad, en sueños, y en planes, así será tu vida.

No hay una manera mejor, no existe una manera más pacífica de vivir la vida, sino creada a través de tus pensamientos. La vida se te puede convertir en una tortura, en una verdadera locura, si decides; porque también es una decisión, enfocar y centrar tus pensamientos en lo negativo, en la tristeza. Es más fácil conectarnos con lo negativo que conectarnos con lo positivo y eso tiene una explicación científica.

Nuestro subconsciente o nuestro cerebro reptil está hecho, está puesto ahí por la por el maravilloso Dios que nos hizo perfectos para protegernos instintivamente, como los animales. Allí está el ego, allí está el miedo y allí también está la manera animal de reaccionar ante ciertas circunstancias: eso es lo natural, defenderte cuando sientes miedo, te sientes víctima o presa, o cuando te ves ante una situación que crees de amenaza. Así lo que tú vives o piensas es que estás amenazado, y tu cerebro está diseñado para activarse y reaccionar. Al defenderse instintivamente defenderte, tu cerebro siente que está reaccionando de la manera correcta porque te estás protegiendo del mal y naturalmente estamos hechos para la defensa.

Sí, somos animales de caza y estamos de cacería. Como cualquier animal tenemos que cazar para sobrevivir, destruir al otro para avanzar, salir a cazar para comer, así somos, depredadores que pueden también hacer lo mismo contigo y tú tienes que reaccionar instintivamente para protegerte. Todo ese sistema está dentro de nuestro cerebro, y cuando se activan las emociones que hacen que sintamos que nos tenemos que defender o que tenemos que protegernos, nos alertamos y reaccionamos desde lo más básico que tiene el ser humano, y lo más básico es lo defensivo.

Hacer el ejercicio, hacer el cambio para conectarnos desde el amor no desde lo básico, implica domesticar, en el mejor sentido, al animal depredador que llevamos dentro. Dominar, no desde lo instintivo, se ha convertido en una de las tareas titánica del hombre, porque Dios nos hizo a su imagen y semejanza ciertamente, pero biológicamente como seres vivos estamos hechos para reaccionar bioquímicamente ante ciertas circunstancias, y la emoción también es una reacción bioquímica del cuerpo, hay que trabajarla. Si sufres, desde el sufrimiento tu pensamiento y tus palabras van a reaccionar de una manera diferente, pero hay que entender que el amor también es una reacción bioquímica y viene del mismo origen que las demás.

Capítulo 2

El amor también es una reacción bioquímica

Cuando estamos enamorados, en nuestro cuerpo se generan hormonas llamadas feromonas y cualquier cantidad de situaciones bioquímicas que cambian y alteran nuestra emoción y nos ponen en un estado diferente a la alerta natural en la que andamos. Estoy hablando del cerebro, de la manera en que reaccionamos, lo ideal sería conectarnos siempre desde la emoción del amor, desde la emocionalidad que nos da el proceso bioquímico que llamamos amor y hacer que nuestra vida se conecte eternamente con esa sensación y es allí donde está el secreto de la felicidad, son reacciones bioquímicas de nuestro cuerpo, pero en nuestra mente, que dicen que es el corazón más grande que tiene el cuerpo, "la mente" tiene el poder de controlar esa emocionalidad a través de los pensamientos y convertirla en tu realidad. Siento una emoción, la convierto en pensamiento recurrente y con la palabra la convierto en decreto. Esta trilogía de la vida es la responsable de concretar nuestro camino y por ello debes pensar muy bien como la utilizas.

Los pensamientos positivos o los pensamientos negativos nos conectan a la emoción. Los positivos tienen la fuerza de conectarnos con la emocionalidad del amor y los pensamientos negativos tienen la fuerza de conectarnos con la emocionalidad de lo instintivo, de la venganza, de la maldad, de la envidia, de la necesidad de defensa natural que tenemos, como animales instintivos que somos.

El trabajo que debemos hacer como animales racionales es conectarnos desde la emocionalidad asertiva y entrenar a nuestro cerebro a que siempre se conecte con la emocionalidad del amor, que se conecte con el proceso bioquímico que tiene nuestro cuerpo cuando nos conectamos al amor. Cuando nos enamoramos, en nuestro cerebro suceden una cantidad de conexiones, nuestras hormonas reaccionan de una manera, y existen condiciones que hacen que el cuerpo reaccione manifestando una situación, la verdadera magia, el verdadero "prana". La verdadera conexión con el ser superior, se da cuando aprendes a controlar tus pensamientos y emociones conectado químicamente a un estado de enamoramiento eterno, así tienes el control o la fuerza para conectar tu cerebro con la emocionalidad bioquímica del amor, pero enamorándote eternamente de la vida, haciendo que cada día sea una excusa para enamorarte de ti, de tu entorno y de tu vida, más allá del amor que es propio de una pareja.

Cuando nos enamoramos, cuando sentimos amor en general cuando vemos a nuestro hijo por primera vez a los ojos, cuando vamos por primera vez a un sitio que siempre soñamos ir, cuando tenemos en nuestras manos un objeto deseado con mucho amor, cuando vemos con orgullo el logro de alguna persona querida o amada. Todas esas sensaciones, todas esas emociones desarrollan procesos bioquímicos no solamente el amor sexual, no solamente el amor de pareja, sino el amor en general cuando abrazamos a nuestra mascota, cuando vemos una flor, cuando escuchamos una canción que nos gusta. En el cuerpo suceden varios procesos bioquímicos que la mayoría están conectados con esa emocionalidad, que a su vez está conectada con el amor. Cuando nosotros pensamos y hacemos el ejercicio de "pensar" racionalmente esas emociones es cuando podemos y tenemos el poder de construir el sueño que siempre tuvimos, cuando tenemos el poder de construir las metas adonde queremos llegar, cuando tenemos el poder de construir cualquier logro que queramos alcanzar justo en el momento en que aprendemos a conectarnos con la emocionalidad positiva que emana de los procesos bioquímicos que generan nuestro cuerpo fruto de esas emociones.

Pareciera naturalmente más lógico reaccionar de manera negativa ante ciertas circunstancias porque esas reacciones negativas están atadas a lo básico, entendiendo como básico el miedo, que es el sentimiento más grande de defensa que tiene el ser humano. El miedo es ausencia de fe y de amor. El miedo en el sentido amplio es bueno, es positivo, porque es una emoción de defensa, el miedo es una advertencia de mi subconsciente y de mi ego para reaccionar ante una circunstancia. Lo que está mal es dejarnos dominar por el miedo, ya que cuando hay miedo, hay ausencia de amor. Y no es una frase sólo poética, es una frase biológicamente segura y comprobada, porque si yo reacciono (entiéndase mi cerebro), mi cuerpo bioquímicamente reacciona ante una necesidad de protegerme por el miedo, no hay confianza y si no hay confianza no hay amor, es una polaridad natural que aparece y se presenta en nuestro cerebro en nuestras conductas, es una polaridad natural porque bioquímicamente el cuerpo produce hormonas. Las hormonas provocan una cantidad de estímulos diferentes cuando reaccionan a través del miedo y cuando reacciona a través del amor.

Aunque hay ciertas sustancias como la serotonina que se activan a veces en ambas circunstancias, hay otras que complementan la emocionalidad, bien sea el miedo o bien sea el amor. La magia está cuando tenemos el control, cuando en nuestro cotidiano podemos manejarlas a través de nuestro cerebro. A través de nuestros pensamientos podemos controlar la situación. Es manejar el resultado y eso es lo que conocemos como inteligencia emocional: aprender a controlar los procesos bioquímicos de nuestro cuerpo y reaccionar no desde el instinto, sino desde la preparación mental que yo he tenido previamente para manejar esos procesos bioquímicos emocionalmente.

La única manera que tenemos de manejar correctamente nuestras emociones es ejercitándonos. La única manera que tenemos de tener un cuerpo esbelto y hermoso es ejercitándonos y comiendo sano y saludable. Con el cerebro es el mismo caso, con las emociones son el mismo caso, si queremos tener un resultado óptimo tenemos que ejercitar nuestro cerebro y tenemos que racionalizar nuestras emociones y saber controlarlas cada vez que se presentan.

Mi *Querido yo* pretende ser ese gimnasio para el cerebro, pretende inculcar en el lector el hábito del ejercicio mental que debemos hacer para controlar nuestras emociones. Mi *Querido yo* va a ser nuestro gimnasio emocional, donde encontrar frases que podamos leer simples, planas, cotidianas y cortas que nos recuerden que tenemos el control. Día o noche, en la mañana o en la tarde, no importa la hora, en cualquier momento ejercitarnos y recordar que la única manera que tenemos de tener el control de construir la vida que queremos es trabajando nuestra emocionalidad que se deriva a través de nuestros pensamientos.

Solamente pensando positivamente 24 horas al día 24 × 24 y siete días a la semana es cuando podríamos conseguir la tan llamada felicidad. ¿Es posible pensar 24 × 24 siempre positivo? Sí, es posible; pero ese es el reto, en el que nosotros vamos a concentrarnos, ese es el reto. Mi *Querido yo* pretende inspirar a todos los *Querido yo* que tengan este libro en la mano. Mi querida yo o mi *Querido yo*, es el reto mental que nunca se detiene, que propone esta servidora humildemente, para traer lo positivo y con él llevar una vida más feliz viviendo a lo positivo, que indiscutiblemente nos va a llevar al éxito emocional y empresarial y al desarrollo pleno de nuestras vidas. Todos, en algún momento, hemos sentimos desidia, cansancio, desasosiego, y quisimos dejarlo todo. Todos, en algún momento, dijimos "hasta aquí, ya no puedo más". Todos, en algún momento, tiramos la toalla. Todos, en algún momento de rodillas le pedimos al Señor que iluminara nuestro camino. Mi *Querido yo* surgió precisamente de rodillas ante el poder del Señor luego del desespero de no ver el camino. Hablando con mi *Querido yo* fue que entendí que el único control que se puede tener es sobre las propias emociones, y que si se tiene el control de las emociones lo tienes todo. Si tú controlas lo que piensas, sientes y dices, tendrás una comunicación más eficiente y asertiva.

En ese momento entenderemos que el único control que yo tengo de la vida es el control que tengo sobre mis pensamientos, es el control que tengo sobre mis palabras, es el control que tengo sobre mí, y punto. El único control, lo único que realmente manejamos, lo único que realmente puedes dominar en la vida son tus pensamientos y lo único sobre lo que puedes tener control y manejar el resultado son tus pensamientos y sobre tus pensamientos será que podrás construir la vida que quieres tener, puedes decidir ser feliz o puedes decidir ser infeliz a través del manejo y el control de tus pensamientos. La conexión divina es cuando te encuentras contigo mismo con tu *Querido yo* conversas con él o ella y entiendes que la última palabra la tiene tu "*Querido yo*" a través de los pensamientos, que como decisión propia me harán feliz o infeliz, me harán triunfador o fracasado. Lo único que yo puedo dominar, lo único —que quede muy claro— que yo puedo controlar son mis propios pensamientos que me llevarán a ejecutar las acciones correctas o incorrectas ante cualquier circunstancia de la vida.

Si reaccionamos cotidianamente a través de nuestra emocionalidad sin pasarlo por el filtro del pensamiento es muy probable que todas nuestras reacciones sean equivocadas y traigan consecuencias negativas. El pensamiento es un tamiz, es un filtro, es un colador por el que deben pasar todas las emociones antes de convertirlas en palabras que puedan desencadenarse en acciones que marchiten impidan o hagan florecer el futuro que deseamos. Toda emoción que se desencadena de una situación cotidiana: laboral, personal, emocional, tiene que pasar por el filtro del pensamiento. No tiene nada malo callar y responder después, lo peor que podemos hacer es visceralizar las respuestas sin pasarlas por el tamiz del pensamiento.

Reaccionar instintivamente a veces es bueno cuando nos estamos protegiendo, cuando manifestamos una emoción como un abrazo espontáneo, una carcajada. Eso forman parte de ese proceso bioquímico de manifestación de la emocionalidad y está bien, está permitido, pero cuando estamos pensando en el futuro es importante ver ese futuro sin ansiedad. Sin embargo, no debemos vivir en el futuro. Las emociones espontáneas son permitidas, pero no debes dejar que esas emociones espontáneas que esos procesos bioquímicos no sean filtrados por el tamiz del pensamiento en todas las circunstancias. El poder de ser asertivo o no radica precisamente en tener la inteligencia emocional para pasar por el filtro del pensamiento las emociones que se nos presentan instintivamente.

Podemos pasar de la alegría la tristeza en un suspiro, podemos pasar de la felicidad a la infelicidad en un suspiro, podemos pasar de las emociones más intensas a no sentir nada en un momento y todo por la canalización de la emoción a través del pensamiento. Si en un momento dado recibes una noticia completamente negativa: la muerte de un familiar, la traición de un ser querido, el engaño de un esposo, la emocionalidad enseguida te conecta con una llanto tristeza e infelicidad, pero si después de recibir una noticia intensamente dolorosa decidimos conectarnos psicológicamente con otro pensamiento que transforme esa emoción, el resultado será diferente. Un ejemplo: una amiga nos dice que nuestro marido, pareja o esposo nos está siendo infiel: enseguida la emocionalidad nos va a conectar con el sufrimiento, con el dolor, con la culpa, con el "¿por qué lo está haciendo?". El poder de quedarnos enganchado en ese pensamiento o convertir esa emocionalidad en otra cosa sólo lo tenemos nosotros, sólo lo tienes tú, sólo lo tiene mi *Querido yo*. Si en el mismo momento en que me están dando esa noticia en vez de pensar en imaginártelo con la otra y comenzar a armar novelas y pensamientos que sólo están en la cabeza, o inclusive así los estás mirando, cierra los ojos respira profundo y dices: "yo merezco algo mejor, yo no tengo porque vivir esta emoción, yo no tengo porque sufrir con esta situación", e instintivamente va a conectar la emocionalidad con el sufrimiento y el dolor, pero racionalmente. Una vez que pasas esa emocionalidad, ese tamiz que llamamos pensamiento puede seguir bloqueando lo negativo y convirtiéndolo en positivo. Otro ejemplo: la muerte de una persona muy querida, la sensación de vacío, el dolor, por sentir que no era el tiempo, lastima, sentir que ahora estamos solos, lastima, toda esa sensación de miedo, de soledad, nos va a conectar a lo negativo. Si pasamos todos esos sentimientos por el tamiz del pensamiento, comenzaremos a verlo como algo positivo. Así estés enfermo, llegará el momento de detenernos a pensar, tamizar y racionalizar el pensamiento para ver la lección que nos deja esa situación, podremos cambiarla y podremos transformar nuestra realidad.

Paradójicamente, transformar nuestra realidad es como ver nuestro universo en positivo, la vibración va a la mente, y de esa manera vamos a ir atrayendo mejores cosas. La vibración en positivo va a traer lo que realmente nos hace feliz. Después del duelo, después del dolor, podemos salir adelante; porque tenemos la capacidad de transformar el pensamiento negativo en positivo, transformar la emoción de negativa en positiva y transformar el resultado de nuestra vida. Sí, es posible superar todos los procesos negativos que se nos presentan si caminamos de la mano de lo positivo utilizando el poder del pensamiento.

Debemos entender que no tenemos control sobre los demás, ni sobre la familia ni sobre los hijos, ni sobre la pareja, hermanos, vecinos, etc. Yo no puedo controlar lo que los demás hablen de una persona o de mí, yo no puedo controlar como actúan los demás, no puedo controlar lo que hacen los demás, no tengo ese poder. El único poder que tenemos es el de controlar lo que pensamos, y por supuesto, lo que hacemos. Desde ese momento habremos encontrado el secreto de la felicidad. No controlo nada ni a nadie, solamente tengo control sobre lo que pienso, sobre lo que hago, sobre mí.

En la vida pasan muchas circunstancias que no dependen de nosotros. Si tuviste un problema en el trabajo por un compañero de trabajo ese día ese compañero de trabajo llegó con una realidad de vida propia negativa con una conducta pesada que nada tiene que ver contigo, es su fantasma personal, y tuvo un problema contigo, tú no puedes controlar los pensamientos de ese compañero hacia ti, pero tú si puedes controlar como tú vas a reaccionar ante ese compañero, ante esa conducta, porque vas a recibirla, la vas a sentir, pero no la vas a internalizar, la vas a tamizar a través del pensamiento positivo y después vas a hablar, no vas a reaccionar de manera visceral de la mano de la reacción bioquímica que genera el miedo, ergo el pensamiento negativo. De la misma manera debes reaccionar si tienes una discusión con tu pareja; tú no puedes controlar cómo tu pareja aborda una situación desde su dolor y si historia personal, que lo tiene que ver contigo, más tiene que ver con sus valores y formas de percibir el mundo así construye sus pensamientos y los convierte en palabras; pero tú si puedes controlar como tú tamizas tus emociones a través del pensamiento y las conviertes en palabras que luego serán acciones positivas o negativas depende de ti y del resultado que quieras obtener, si quieres lastimar o si quieres perdonar.

Si quieres agredir desde lo instintivo desde lo violento desde las vísceras probablemente el resultado sea negativo. Pero si quieres agredir porque sientes la necesidad de venganza inclusive hasta ese sentimiento una vez que lo tamizas a través del pensamiento positivo la reacción de tus palabras, aunque tenga la intención de herir, van a herir con inteligencia, porque van a estar tamizadas por el pensamiento positivo convirtiéndolo en conductas asertiva.

No estoy diciendo que tenemos que vivir en el país de los ositos cariñosos y aceptar cualquier conducta que nos quiera lastimar que venga de otras personas, no estoy diciendo que tengamos que convertirnos en robots que no manifiestamos emoción de forma espontánea, estoy diciendo que te tomes el tiempo de pensar antes de contestar. Claramente que sólo tú, sólo yo, sólo mi *Querido yo* tiene la inteligencia, el poder de tamizar el pensamiento antes de responder, procesar la emocionalidad a través del pensamiento positivo convertirlo en palabras que luego serán acciones cuyas consecuencias serán llevadas de forma positiva.

El ejemplo de la pareja arriba mencionado, "mi pareja me está haciendo infiel", primero hay que pensar el porqué de esa situación, segundo yo no puedo controlar lo que él está sintiendo, ni lo que está sintiendo la tercera persona involucrada, pero yo sí puedo controlar lo que yo estoy sintiendo, mi emoción la filtro a través del tamiz del pensamiento positivo y lo convierto, lo verbalizo en acciones, o lo verbalizo en palabras que luego van a hacer acciones.

"No puedo controlar" no tengo el control de lo que piensan las otras personas, solamente puedo tener control de lo que yo pienso, de lo que yo hago y de como yo actúo. Si yo actué negativamente porque reaccioné a través del miedo, no pasé mi emoción por el tamiz de la inteligencia, del silencio, buscando la emocionalidad positiva mis emociones y las verbalicé desde el miedo y la rabia generando acciones y consecuencias negativas. Las consecuencias son mi responsabilidad; pero si lo hizo la otra persona no es mi responsabilidad y no tengo control de eso independientemente de que haya sido el resultado de una acción que yo pude ejecutar.

Solamente puedo controlar lo que sale de mí no puedo controlar lo que sale de la otra persona ni en lo emocional ni en lo físico. Pero si yo mantengo el control de mis pensamientos y de mis emociones sólo yo puedo garantizar que mis resultados serán plenos y consonantes con lo que siento, porque yo los pude controlar.

Más nada en la vida lo puedo controlar, así que mi accionar se limita a lo siguiente: reacciono producto de mis pensamientos emocionalmente positivos ante una situación, tamizo el pensamiento positivo y desato la acción para que el universo tome el control, porque yo no puedo controlar como es procesada ninguna emoción una vez que sale de mí hacia otra persona. Eso está fuera de mi alcance.

Capítulo 3

Todo sucede una solo vez, no vivimos dobles experiencias

Si yo reacciono visceralmente en negativo, sin control la acción o mi pensamiento a través de la acción genera una consecuencia diferente a la consecuencia que puedo generar reaccionando desde el tamiz de la emocionalidad positiva. Es inevitable sentir dolor ante una situación que emocionalmente nos derrumba, pero solamente tú tienes el control de permitir que esa situación te derrumbe o te dé más fuerza para seguir adelante. Seguidamente, sólo consiguiendo controlar tus pensamientos y conectándote con lo positivo de ellos podrás salir airoso de las situaciones más negativas que tú crees que se te puedan presentar en la vida.

Sólo tenemos una oportunidad de vivir las circunstancias, ningún momento se repite, ningún momento que vives se repite, la vida es única y es única porque sólo puedes vivir minuto a minuto la decisión de cómo vas a vivir esos minutos, sólo la tienes tú. La decisión de vivir cada minuto con plenitud y felicidad en cualquier circunstancia, sólo la tienes tú. La madurez y la inteligencia emocional para sacar lo positivo de toda situación que aparenta ser negativa, sólo la tienes tú.

Perdemos oportunidades, perdemos trabajos, perdemos amores y lo más importante es que perdemos la oportunidad de ser felices, porque nos conectarnos con la inmadurez, nos empeñamos en conectarnos con esos procesos bioquímicos y distintivos e infantiles que van de la mano del miedo y no utilizamos el poder más grande que tenemos que es el poder del pensamiento positivo, el poder de estabilizar todas esas emociones y distinguirlas a través del pensamiento, que nos convierte en un ser positivo para disfrutar cada segundo y cada instante de nuestra vida. Realmente es la única y última oportunidad, porque nunca se presentan dos situaciones exactamente iguales, nunca tienes la misma oportunidad exactamente igual dos veces para reaccionar ante las circunstancias.

Además, no debes de desperdiciar los momentos más importantes de tu vida debido a no ser inteligentemente maduro y no aprender a procesar la emocionalidad básica y visceral basada en el miedo.

Tamiza ese miedo hacia el pensamiento positivo antes de actuar.

Si aprendes a utilizar el poder que tiene el tamiz del pensamiento positivo y aplicarlo a toda emoción negativa que se te pueda presentar en cualquier circunstancia, transformarás cada instante de tu vida, ganarás muchas oportunidades de ser feliz y obtendrás la verdadera oportunidad de vivir la vida a plenitud, porque la oportunidad se presenta una sola vez, porque sólo tienes una vez para vivir la vida.

Mi *Querido yo*, el tiempo que pasó ya lo perdió, el tiempo que tienes es el ahorita, no permitas que la inmadurez emocional te aleje de la oportunidad de vivir a plenitud al 100% feliz; no lo arruines reaccionando siempre desde lo básico y lo instintivo, reaccionando a todo desde el miedo. Toma el control, toma el poder que tienes de ser feliz, de vivir tu ahorita, tu presente, tu momento. Reacciona desde el amor, desde lo positivo, reacciona filtrando las emociones limitantes: el miedo, el egoísmo, el ego. Fíltralo y conviértelo en amor para que puedas disfrutar el hoy, tu presente y tu momento que no se va a repetir, nunca más se va a repetir exactamente igual porque sólo se vive una sola vez, sólo vivimos una vez cada circunstancia, nunca se repite así que no sigas malgastando tu vida, no sigas perdiendo tu vida por tener miedo a ser feliz. Ser feliz es una decisión y sólo tú tienes el poder de decidir ser feliz a cada momento, a cada instante.

Capítulo 4

Sentirte bien contigo mismo

El secreto de sentirnos bien es aprender a ser feliz contigo mismo. Cometemos el error de depositar en las demás personas esa maleta o esa mochila tan grande, esa responsabilidad inmensa que significa hacerte feliz. Es una mochila que no le puedes dar a nadie, es una mochila que sólo la puedes cargar tú, que tienes la responsabilidad de hacerte feliz. En este libro quiero mostrarte que ser feliz es muy sencillo tú puedes ser feliz con cosas muy pequeñas, puede ser feliz con cosas muy sencillas, si aprendes a reconocerlas y a valorarla.

La vida siempre nos sorprende con bendiciones, pero solamente cuando abrimos los ojos y las podemos ver es cuando realmente nos hacen feliz. Quiero compartir contigo dos historias antes de pasar a las frases que transformarán tu vida: "conversando con mi querido hermano luego de una crisis emocional una vez me dijo que todos los superhéroes adquieren sus poderes después de haber sufrido una transformación".

Cuando sientas que estás pisando fondo, cuando sientas que no tienes fuerza, cuando sientas que no tienes deseo de caminar de la tristeza o de tus problemas de soledad, piensa que estás más cerca de la transformación que del inicio del problema, estás más cerca de convertirte en un superhéroe. Cuando te sientas que eres un fracasado es cuando más te hacer acercarás al cambio. Todos los superhéroes han sufrido pérdidas, han sido mordidos por animales extraños, han pasado mucho dolor y luego sacan sus superpoderes y enfrentan la vida desde su súperpoder.

Con este libro quiero invitarte a que comiences a vivir la vida desde tu súperpoder. Todas las personas del mundo tenemos un superpoder y nuestro principal súperpoder es poder sonreír ante todas las adversidades, nuestro principal súperpoder es salir adelante cuando somos madres, cuando somos hermanas, cuando somos hijas, nuestro principal súperpoder es la resiliencia, es la capacidad de seguir adelante.

La segunda historia que quiero compartir contigo es una historia personal de mi natal Venezuela. Nosotros mismos tendemos a limitarnos, a ponernos o encasillarnos en circunstancias que nos confinan en cuanto a creencias en valores, a esas conductas o premisas que creemos que son las correctas y comenzamos a vivir nuestra vida. Es muy probable que lamentablemente cometamos errores si nos aferramos a conductas no acordes para resolver ciertas situaciones.

Siempre digo que soy una mujer de fe, nacida católica y estudiante de antropología, que es la la ciencia que estudia la evolución cultural del hombre en su diferentes sistemas, a su vez estudia el otro, que eres tú mismo, a través de la transmisión cultural. Todas las circunstancias que vivimos, lo bueno lo malo, componen la cultura de una sociedad o las reglas y normas en la que vivimos. En Venezuela está demás explicar la situación política del país y lo peligroso que llegó a ser transitar por sus calles. Al salir un día de la universidad en la que estudiaba la antropología, saliendo del banco, recuerdo era el banco Mercantil, a cobrar el cheque de mi beca académica de la Universidad Central de Venezuela (gracias a Dios la tuve) me salieron al paso unos malandros, hampones o amigos de lo ajeno, como se conocen en diferentes países para robarme el dinerito de mi beca. Por supuesto que para mí era una situación, como para cualquier persona, increíblemente terrible. En mi desespero ocurrió un milagro: corrí, corrí y corrí hasta una tienda que que tenía una gran silueta en su puerta el señor Ganesha. Era una tienda hindú que vendía sándalo, sahumerios, cartas y diferentes estampitas. Era una tienda extraña para mí, una joven criada católica. Sin embargo, desde ese entonces hasta el sol de hoy, he sentido que esa figura inmensa me protegió, porque cuando entré en esa tienda los malandros me dejaron de perseguir y allí estuve. Allí me socorrieron hasta que el tiempo pasó y pude salir ilesa de la circunstancia.

Lo que quiero comunicarles es que si mi mentalidad católica me hubiese cerrado y no hubiese entrado a esa tienda, quizás me hubiesen robado mi dinerito, o hubiese pasado por una situación un poco más fuerte. Sin embargo, lo vi como un milagro sin saber muy bien qué era, abriéndome a permitir que bajo las circunstancias más terribles la vida me sorprendiera. Hoy tengo una pequeña figura del señor Ganesha conmigo. Para mí fue un milagro, tamicé mis pensamientos limitantes en pensamientos positivos.

Cierra los ojos y concéntrate en todos los milagros que la vida te ha dado y que quizás por creencias limitantes, por reaccionar bajo conductas erradas, por no tamizar el pensamiento, no los has perdido ver y los has dejado pasar. Abre los ojos a la vida, no desde la limitación, no desde la queja, no desde la burla, no desde la descalificación; abre los ojos a la vida desde el milagro, desde el poder del amor y desde la gratificación, dando gracias por todas las experiencias que vivimos sin juzgarlas. Recuerda que cuando juzgamos lo hacemos a través del ego y el ego es una respuesta del miedo, este nos ayuda a defendernos, pero tú no tienes que defenderte de los milagros de la vida, tienes que aprender a observarlos para ser bendecido. Callamos el ego le decimos al miedo "gracias por estar allí pero no necesito que te actives en toda circunstancia, porque yo la puedo manejar". Así estarás libre para abrirte a los milagros de la vida.

El solo hecho de abrir los ojos es un milagro. Levantarte de la cama y tener la oportunidad de hacerte un café, tener la oportunidad de ir a trabajar, y tener la oportunidad de abrazar a tus hijos y tener la oportunidad de comer, son milagros de la vida. Respira profundo, la vida es maravillosa pero sólo tú lo puedes descubrir. Así, no importa cuántas veces lo leas, no importa cuantas veces te lo digan, lo único que importa es que tú misma lo creas. La vida es maravillosa, la vida opera a través de milagros y si no te abres a percibir esos milagros vas a dejar de vivir, vas a perderte la vida maravillosa y vas a perderte la felicidad que es sólo tu responsabilidad, porque la felicidad está en ti y sólo tú, nadie más que tú, puede hacerte feliz.

No deposites la felicidad en tus hijos, no deposites la felicidad en tu pareja, no deposites la felicidad en tus compañeros de trabajo, no deposites la felicidad en los maestros de la escuela, no deposites la felicidad en el vecino, no deposites la felicidad en el transeúnte, no deposites la felicidad en el conductor que te trancó una mañana, no deposites la felicidad en ese amigo que no era tan amigo, no deposites la felicidad ni siquiera, en los verdaderos amigos. Deposita tu felicidad en ti. Tú eres el principal banco de tu vida, deposita corazones en ese banco todos los días. Así como le das like a todas las publicaciones que te gustan de Instagram, Facebook, TikTok o cualquier plataforma. Deposita corazones en ti. Date corazones, dale Like a las cosas buenas que haces, date Like a ti misma, date Like todos los días y abre los ojos y regálate amor. Abre los ojos y deposita amor en el tu banco de la vida, y llegará un momento que tendrás tanto que lo podrás regalar y en ese momento atraerás vibratoriamente a todas las personas que merecen estar contigo. Mientras no tengas ese banco lleno de amor, será muy difícil atraer a las personas adecuadas para compartir la vida contigo.

No quiero hablar solo en este libro del amor de pareja, quiero hablar en este libro del amor a ti. El amor a ti es la única herramienta, la única, que realmente te va a llevar a lo mejor de ti misma. El amor a ti y la creencia en ti es lo único que te va a llevar a despertar ese superhéroe que llevas por dentro, a poder vivir esa transformación que te va a abrir puertas y a poder luchar contra cualquier cosa que te venga. Desde la mano de la sonrisa y desde la mano de la tranquilidad. Sólo quien tiene felicidad da felicidad y si das felicidad y tienes felicidad puedes vivir en paz y plenitud. Repito, paz ,plenitud y felicidad; no permitas que nadie te robe la paz, la plenitud y la felicidad porque ellas son tu responsabilidad. Dijo Oprah Winfrey: "Cuando una persona de éxito comienza a compartir con personas que no tienen éxito las personas se van a sentir incómoda porque es más fácil señalar lo que yo no tengo que aplaudir el éxito del otro." Lamentablemente nos han enseñado que la vida es una eterna lucha, una competencia. No nos han enseñado a aplaudir el triunfo del otro; nos han enseñado a sentirnos infelices porque yo no soy triunfador. La primera conducta limitante es decir que sólo el que gana es el triunfador. No aplaudamos todas las derrotas, pero dentro de la derrota o dentro del triunfo hay felicidad y allí es donde tú te tienes que parar, allí donde tienes que encontrar tu poder, allí es donde definitivamente comienzas a sembrar la felicidad que luego vas a depositar en tu banco personal.

Hay otro tema maravilloso que tenemos que hablar, y son todos esos sentimientos que exacerban la felicidad, la plenitud, el amor, la paz, la felicidad. Busca, conéctate con actividades que te hagan manifestar en ti toda esa plenitud, toda esa paz toda esa tranquilidad y todas esas emociones que están ligadas netamente a la biología humana, como la liberación de serotonina, endorfina, dopamina y oxitocina, que hacen que tu cerebro despierte. No busques afuera, busca siempre en ti. La Biblia dice: "mi hijo será hecho a mi imagen y semejanza". Tú tienes libre albedrío, tú eres el hijo de Dios. ¿qué más poder que ser el Dios de tu vida?. Dios te dotó de poder, te dotó de sabiduría, pero también te dio libre albedrío, tú decides si con esa sabiduría y ese poder obras bajo los sentimientos negativos o con esa sabiduría y ese poder obras desde los sentimientos positivos, desde el amor, desde la paz, desde la plenitud y la felicidad, o dejas que te domine el ego y los sentimientos que se unen a él: la envidia, la infelicidad, la discordia, el conflicto.

Solamente quien se ama puede dar amor, si tu ego está ganando en tu vida lamento decirte Querido amigo, que no te amas, si tu ego es el que toma las decisiones por ti, no te amas, lamento decirte que el ego y el miedo en su afán de protegernos nos engaña y nos disfraza las situaciones y no las podemos ver con claridad. Solamente el amor, la felicidad y la plenitud te pueden permitir ser objetivo, nadie puede tomar una decisión coherente desde el dolor. Solamente se toman decisiones coherentes desde la plenitud.

En este sencillo y maravilloso libro quiero regalarte la oportunidad de encontrarte contigo misma a través del amor. Te regalo 52 frases que todos los días puedes utilizar aprendiendo a decirte Querido yo: hoy decido cambiar mi vida convirtiendo mis pensamientos negativos en positivos. Callo mi mente y transformo mis pensamientos, tamizándolos. Así, poco a poco reflexionaremos, iremos agregando frases que te van a recordar lo valioso que eres, empezando siempre con esas dos palabras *Querido yo*. Es un libro dedicado a ti, espero te llene, nutra y comencemos a querernos, no sólo 52 días conmigo, sino todo el resto de la vida. Dicho esto quiero que comencemos nuestro ejercicio de 52 días con 52 frases que te invitan a amarte. Pero no a amarte desde el ego, sino desde la responsabilidad de ser feliz contigo mismo. Recuerda: tu felicidad es una responsabilidad que solamente tú y sólo tú puedes tener. Lee la frase y escribe tus reflexiones. Después has el trabajo final de leerte y observa tú mismo cómo va el milagro, cómo vas profundizando en el cambio de tu *Querido yo*.

Querido yo: quiero agradecerte por abrir los ojos cada mañana, quiero agradecerte que me acompañes todos los días, quiero agradecerte que me das fuerza y podemos caminar juntas este camino: tú eres todo lo que necesito para ser feliz y pleno.

Querido yo: gracias por tener la valentía para enfrentar los problemas y salir adelante con miedo, pero adelante.

Querido yo: no hay montaña suficientemente grande para no superarla ni suficientemente pequeña para sub-estimarla así que entreguemos todos los problemas a Dios y enfócate en tus capacidades.

Querido yo: ámate infinitamente, al punto que sientas que no necesitas nada más para sentirte feliz.

Querido yo: tú puedes con cualquier carga que Dios ponga en tu camino. Dios siempre guarda las batallas más intensas para sus mejores guerreros.

Querido yo: cuando te sientas ahogada levanta los ojos y mira al cielo, respira y regálate tres minutos de reflexión. Aprender a escucharte es el secreto de la plenitud

Querido yo: el secreto del éxito es acallar la mente y obligarla a que piense solo pensamientos de éxito. La mente se entrena como entrenemos el cuerpo.

Querido yo: entrena tu mente, pídele que se conecte solo con las emociones que te dan alegría, plenitud y placer

Querido yo: no aceptes que nada ni nadie te haga sentir menos, te haga sentir humillada nadie tiene ese poder

Querido yo: no entregues tu poder. El poder de entrar en ti, el poder de dominarte, el poder de controlar tus emociones. Nunca entregues tu poder.

Querido yo: tu amistad vale oro, no la entregues a cualquiera que no sabe apreciar y valorar el oro. No te sientas mal si tiene que decir "Hasta aquí, con usted no me relaciono" poner límites es la mejor manera de expresarte amor y respeto a ti misma

Querido yo: trabaja muy duro para que nunca te lamentes por lo que hubiera pasado si te hubieras esforzado más. Da siempre lo mejor de ti para ti, no necesitas galería ni público que te aplauda cada logro, necesitas estar clara en la satisfacción que cada escalón representa para ti.

Querido yo: ten muchos sueños y atrévete a convertirlos en metas. Toma tus sueños, ponles tiempo y ejecuta acciones para conseguirlos. Verás que transformarás sueños en acciones como milagros constantes en tu vida

Querido yo: trágate el mundo con los brazos abiertos y llena de la inocencia de un niño, sonríele a todos sin esperar nada a cambio, cuando esperamos que nos retornen cortamos la magia y la condicionamos. Los condicionamientos nos limitan y al limitarnos nos creemos incapaces. No te incapacites.

Querido yo: no permitas que nada ni nadie te desenfoque de tus metas, siempre claras y siempre tuyas. Adelante.

Querido yo: no dejes que los miedos se apoderen de ti. Sobre todo el miedo a la felicidad. Abandonar la victima y asume la responsabilidad, es un cambio transformacional.

Querido yo: hazte responsable de tus decisiones, de tus actos y de las consecuencias así asumes el control de tu vida.

Querido yo: en los momentos más duros sonríe, siempre te dará tiempo de pensar unos segundos antes de responder. Si no sabes qué decir o hacer, respira. Tómate el tiempo que necesites.

Querido yo: apaga la película mental, la única forma en la que puedes realmente encontrar la felicidad es cuando tú decides apagar las películas mentales, silencia tu mente, deja de sobre pensar, sobre pensar nos da ansiedad y la ansiedad no nos hace ver con claridad las posibles soluciones.

Querido yo: el desapego es la principal acción que debemos tomar luego de cualquier eventualidad que nos haga sufrir o sentirnos frustrados, desapégate.

Querido yo: la verdadera felicidad está en lo realmente sencillo, en lo realmente simple, en la sonrisa de un niño, en un abrazo sincero. Conéctate con lo que realmente te da felicidad

Querido yo: cuando tengas que tomar una decisión, sonríe. Porque así le darás tiempo a tu cerebro de oxigenarse por unos segundos generando una sensación de paz.

Querido yo: conéctate con la naturaleza, respira profundo y date la oportunidad de escucharte, tu cuerpo te habla cada parte de tu cuerpo te habla tus piernas, tus pies. Tus brazos, tu cabeza, tu cuello. Escucha a tu cuerpo que es la primera medida que tienes para saber si estás en bienestar

Querido yo: agradece la respiración, agradece que caminas, agradece tu salud, agradece la vida, agradece las malas experiencias, agradece las dudas, agradece los miedos, agradece la incertidumbre, porque sólo de esa manera serás asertivo.

Querido yo: la vida es el regalo más preciado que te dio Dios, eso ya lo sabes, eso ya lo entiendes, lo que no has entendido es que no lo puedes botar, que no la puedes desperdiciar, que tienes que aprovecharla. Vive, vive cada instante como si fuera el último porque esa es la verdadera manera que tenemos para vivir, no pierdas el tiempo.

Querido yo: no pierdas tiempo, no desgastes tu energía en situaciones desgastantes. No te desgastes. Práctica el mindfulness. El proceso de conexión contigo mismo va mucho más allá y requiere mucho más trabajo de lo normal, cuando realmente consigues la conexión contigo mismo es cuando puedes callar tus pensamientos repetitivos.

Querido yo: calla esos pensamientos repetitivos, concéntrate en limitar la cantidad de pensamientos que llegan a tu mente a una vez que calmes la mente recuperas el control de cualquier situación, que significa tener el control de tus emociones. No podemos controlar las emociones de los demás.

Querido yo: suelta el control. De lo único que tú puedes tener control en la vida es de ti, de tus emociones y de tus pensamientos, nunca jamás podrás controlar lo que piensan los demás, lo que hacen los demás, lo que esperan de ti los demás, no te desgastes en eso, concéntrate en lo que tú puedes controlar

Querido yo: suelta el control y relájate. Cuando hablamos de soltar el control significa el control de afuera de ti recuerda: lo único que puedes controlar son tus emociones, lo que sale de ti lo puedes controlar no lo de afuera no puedes controlar la decisión de tus hijos, no puedes controlar las decisiones de tu marido, tu pareja tu novio, tu esposo. No puedes controlar las reacciones o decisiones de tus compañeros de trabajo, no puedes controlar las decisiones de tu familia tampoco puedes controlar el destino. Solo puedes controlar tus decisiones, pensamientos y emociones.

Querido yo: hay una diferencia importante entre controlar el destino y tomar decisiones asertiva haz que puedan desenlazar las situaciones que tú quieres que se propicien en tu vida La palabra "control" según la Real Academia Española de la Lengua viene del francés "controle" que a su vez viene de "contre role", es decir "contra el rollo". "Rollo" se refería a un rollo de papel que era un duplicado de original.

Querido yo: al querer controlar duplicamos o intentamos fotocopiar lo que el destino tiene para nosotros, pero el resultado nunca será lo que quieres sino lo que está dado para ti. Puede coincidir o no con lo que quieres. Al tratar de controlar vamos en contra de lo que la vida tiene preparado para nosotros intentando reproducir una realidad que no es la que está dada para nosotros.

Querido yo: liberarnos del control, es abrirle los brazos a la aceptación. A la liberación. Y seguido a la libertad

Querido yo: atenta a lo que está diciendo mi cuerpo cuando me siento mal. Cuando alguna parte de mi cuerpo presenta alguna dolencia es una manifestación de control.

Querido yo: la esencia de la libertad y la plenitud está en la fe. Si tienes fe de que la vida va obrar en función de tu bienestar todo resonará en positivo para ti.

Querido yo: la verdadera paz la conseguimos cuando entendemos que no podemos controlar las situaciones, que no están dentro de nosotros, cuando tenemos fe en que la vida va obrar por nuestro mayor bienestar y cuando aprendemos a escucharnos, a escuchar cada manifestación de nuestro cuerpo que nos avisa que nos estamos saliendo de nuestro centro.

Querido yo: conseguir la armonía entre tu pensamiento, tu alma y tu cuerpo es posible solamente cuando sueltas el control y entiendes que hay un orden divino para ti.

Querido yo: aprende a conectarte con el orden divino que la vida ha destinado para ti. La única manera de conectarte con eso es entendiendo que tienes que soltar

Querido yo: desasir el control de cualquier emoción, cualquier acción que no venga directamente de ti implica abrirle las puertas al bienestar común.

Querido yo: cuando digo que lo único que tú puedes controlar son tus emociones no me refiero a que no manifiestes lo que sientes, me refiero a que tamices esas emociones, que las conviertas en pensamientos.

Querido yo: expresar lo que sientes de manera asertiva es decir afirmativa adecuada y correcta para que el otro te entienda implica pasarla por el filtro del discernimiento.

Querido yo: el discernimiento es la llave que te va a llevar a la puerta de la comunicación asertiva Una vez que aprendemos a comunicar nuestras emociones de manera afirmativa y sin lastimar a los demás, desde nuestro dolor comenzaremos abrir las puertas de la paz

Querido yo: comunicar nuestras emociones implica expresarnos sin agredir ni lastimar al otro. Muchas veces el otro no tiene ni idea de qué con sus palabras o acciones te lastimó, repito, no tienes el control de lo que los demás dicen, hacen o ejecutan, tienes el control de cómo se procesa en ti.

Querido yo: aprende a procesar a digerir y a discernir lo que te llega del entorno con asertividad Nadie te agrede, nadie te ataca el entorno no es tu enemigo, eres tú quien se convierte en tu enemigo interiorizando esas emociones.

Querido yo: no hay enemigos, no hay amigos, hay personas que la vida te pone alrededor para crecer y sanar. Todas las personas con las que nos relacionamos y estamos en contacto, bien sea por largos periodos o por cortos, están con nosotros para enseñarnos y de esa manera debes tomar todo lo que de ellas viene.

Querido yo: todo lo que a tu alrededor se manifiesta todo lo que tenemos a nuestro alrededor, incluso los contactos ocasionales con personas, vecinos, compañeros de escuela compañeros de clase, etc. llegan a tu vida para hacer de maestros.

Querido yo: la siguiente lección importante que debemos aprender es que no debemos apegarnos a nada porque sí, todas las personas que están en contacto con nosotros son maestros que vienen a enseñarnos; como buenos maestros, una vez que aprendamos la lección seguirán su camino, no estarán con nosotros toda nuestra vida. Entiende esto con tus hijos, amigos, parejas y familiares. No son eternos, no van a estar con nosotros siempre, sino el tiempo que necesitemos para aprender la lección, para bien o para mal.

Querido yo: tanto positivo como negativo, es decir, tanto amistades o amores como enemistades y enemigos que están a nuestro alrededor son maestros. Cada situación que se nos presenta es para hacernos crecer. Si vemos esas situaciones en positivo, vibratoriamente atraeremos bienestar, plenitud y fortuna

Querido yo: manifiéstate en positivo siempre, entendiendo que nada es personal, que no te lo están haciendo a ti como persona te están dando el regalo del aprendizaje, aprender de las situaciones de la vida se llama vivir Y a eso venimos a este mundo a vivir, a aprender y a crecer como seres humanos.

Querido yo: Es normal que te enfrentes a situaciones positivas y negativas, es normal que te enfrentes a dramas en la vida no te toca a ti a título personal, nos toca a todos hasta llegar a nuestro punto de elevación. La elevación es el crecimiento.

Querido yo: mi crecimiento y desarrollo si es absolutamente personal. Las lecciones que me envía la vida Dios, el universo o cualquier entidad en la que tú creas, están destinadas para ti, para tu crecimiento y desarrollo. No vale la pena que controles porque igual se te manifestarán una y otra vez hasta que aprendas la lección

Querido yo: el fin último es aprender las lecciones de vida que viniste a aprender a este mundo.

Querido yo: el mejor espacio para encontrarte contigo mismo es el silencio. Refúgiate en el silencio para aprender a escucharte.

Capítulo de reflexión

El hecho de vivir implica liberación, nacemos desnudos, nacemos sin nada, lo único que tenemos algunos, es nacer en un lecho de amor, según lo que tengamos que aprender en esta vida. Todo lo que venimos a aprender en la vida está mágicamente escrito. Cuando hablamos de qué está escrito nos imaginamos grandes libros que están en alguna parte que tienen el nombre de todos. Y en la vida todo está conectado y estamos conectados por hilos invisibles que conocemos como energía. Cada acción tiene una reacción, cada aprendizaje debe desencadenar una lección aprendida, si nosotros entendemos que venimos a la vida aprender, que nada de lo que nos pasa alrededor es personal, nadie está ensañado contra ti, nadie está confabulando planes para lastimarte y nadie está intentando disminuirte. No hay una persona enemiga, hay muchos maestros a tu alrededor que están allí dispuestos para enseñarte lo más importante que venimos a esta vida, y es a vivir. El hecho de vivir implica valentía. Ser valiente implica asumir las realidades que se nos presentan, si soltamos el control y nos conectamos con nosotros mismos entendemos que nadie nos hace daño y comenzamos a aceptar la vibración positiva, nuestra vida va a cambiar, evolucionaremos y llegaremos a ese famoso bienestar del que tanto nos hablan los coaching de vida. Una vez que tú aprendes la lección pasas de grado en la escuela. De alguna manera en la vida manifestamos la misma situación, aprendemos y pasamos al siguiente nivel.

Una vez que aprendemos e interiorizamos una lección, la debemos poner en práctica en nuestra vida y así pasamos de grado. Lo que vinimos a hacer en esta vida es pasar de grados, aprender a ascender, a conectarnos con el maestro en positivo, qué podemos ser para otros. Una vez que aprendimos los grados, una vez que nos conectamos con nosotros mismos, podemos salir y ser voceros de ese aprendizaje. Lo maravilloso de la vida es que te da la oportunidad de ser maestro una vez que aprendiste, de ser maestro en positivo para las personas que lo necesiten. Conviértete en un maestro de lo positivo, conviértete en un maestro de manifestación del bienestar para el otro, pero asegúrate de haber aprendido todas las lecciones que la vida te ha dado, y por sobre todas las cosas asegúrate de tener la humildad de siempre y la mente abierta para seguir aprendiendo.

Cualquier situación que se te presente después que tú, emocionalmente, hayas entendido el proceso, inmediatamente la vas a identificar como un aprendizaje que está llegando de la vida hacia ti. Lo más importante es mantener la conexión con nosotros mismos, es precisamente estar alerta ante esos maestros que te presenta la vida. La vida siempre te va a rodear de maestros, tú eres el que tiene que estar atento para asumir las lecciones que de ellos vienen.

Tus hijos, tu pareja, las personas con las que te rodeas, inmediatamente son tus maestros más grandes. A veces tu hijo es un maestro ascendido que te puso la vida allí para enseñarte tu lección principal. Tus padres, tus parejas, son los principales maestros ascendidos que te pone la vida, y allí comenzamos poco a poco el trabajo de la superación y de la manifestación de lo que queremos ser y de lo que queremos desarrollar. El gran drama de la vida es que si no lo identificas, si no te conectas con ello, pasarás toda tu vida perdiendo el tiempo, pasarás toda la vida sin vivir realmente la esencia que te toca vivir.

Manifestarte en bienestar, abandonar el control, conectarte con la asertividad, entender que nada es personal, entender que todas las situaciones que se te manifiestan en la vida son enseñanzas y lecciones que de ellas te da, significa aprender a vivir sin miedo. Si entendemos que todo lo que nos sucede es para nuestro bienestar y crecimiento, no podemos aceptar el miedo. El miedo es la ausencia de fe, y si tengo fe en que puedo controlar lo que de mí sale, el resultado que se manifiesta no necesariamente tiene que ser el esperado, pero si será el adecuado. Tener la convicción y la fe de qué es lo que manifiesta la vida para mí, a mi alrededor, es lo que necesito para aprender la lección que me lleva a un plano de superación, es encontrar la conexión directa con tu destino, tu mensaje y tu misión en esta vida.

Reflexión final

Cuando emprendí a escribir este libro lo comencé, literalmente, desde el llanto, desde el dolor, desde la carencia, desde la pregunta "Dios, ¿por qué a mí?", desde la sensación de tener enemigos, desde el miedo, desde la oscuridad. Pero solamente cuando tocamos fondo y entendemos, es cuando la luz aparece. Cuando hablo de tocar fondo y entender, me refiero a nosotros mismos. Cuando te encuentres ahogado, cuando mires hacia los lados y veas que no hay salida, habrás llegado al punto álgido. Ese punto es el trampolín, es el punto del ya quiero cambiar. No te asustes cuando estés en ese punto y no eches para atrás, lamento decirte que la vida no va hacia atrás. Querido lector, aunque quieras echar hacia atrás la vida te va a volver a poner la misma situación una y otra vez, porque es una lección que debes aprender.

Así que entrégate a las elecciones, no sigas luchando, no sigas queriendo tener el control porque el afán de control solamente te dará cansancio. La vida te pondrá siempre lo que tiene destinado para ti, la vida te pondrá siempre en el camino que ella sabe qué es lo mejor para ti. Entiende la palabra vida como cualquier entidad religiosa o simplemente dogmática, pero lo único que es cierto y manifestado es que lo que es para ti será, y lo que no es para ti no será; que tienes que abandonar el control, que tienes que tener fe de que la vida es para vivirla y que cada momento se hace cada vez más intenso cuando realmente te conectaste contigo y aprendiste a escucharte.

Despedida

Si con este libro toco tu corazón y por lo menos genero la duda, te invito a practicar cómo abandonar el control. Si despierto en ti la curiosidad de entenderte, buscar escuchar a tu alrededor y comenzar a detectar esas lecciones que te hacen llegar a tu conexión a la asertividad, me daré por bien servida. Si te encaminé por la vía de la enseñanza es porque el camino final es convertirte en un maestro para los demás; desde lo positivo, no desde lo negativo. Todos esos sentimientos: envidia control, odio, desengaño, dolor, existen y existen dentro de ti, lo único que puedes hacer es controlarlos. Lo demás es un acto de fe, controla sólo lo que sale de ti. Para crecer hay que entender eso. Una vez que entra en ti la situación de afuera, cómo lo procesas y cómo lo vuelves a sacar depende de ti. Eso es lo que tú puedes controlar, es el único y real control, pero recuerda que las consecuencias de cada acto se manifestarán una y otra vez, una y otra vez hasta que aprendas la lección: discierne, tamiza cada pensamiento y cada emoción.

Te quiero inmenso y te bendigo hoy y siempre hasta el próximo libro.

Epílogo

Manifestarte como eres no implica herir al otro, manifestarte como realmente eres implica haber encontrado tu camino al desarrollo y el bienestar. Para convertirte en un maestro en positividad para el otro. *Querido yo* conviértete en un maestro de positividad, nos habla de transformarte de lo oscuro a lo claro, de la duda a la certidumbre, del control a la libertad, del yo tengo al yo merezco, del yo poseo al yo merezco del yo controlo a yo soy qué es la manifestación máxima del encuentro contigo mismo.

Bibliografía

El hombre en busca de sentido (Viktor Frankl)

Tus zonas erróneas (Wayne Dyer)

El monje que vendió su Ferrari (Robin Sharma)

La trampa de la felicidad (Russ Harris)

La libertad primera y última (Jiddu Krishnamurti)

Fluir (Mihály Csikzentmihalyi)

El arte de amar (Erick From)

Glosario

Asertivo: es una habilidad social que poseen ciertos individuos de comunicar y defender sus propios derechos e ideas de manera adecuada y respetando las de los demás.

Tamizar: Pasar una cosa por el tamiz para separar las partes finas de las gruesas, "tamizar la harina". Suavizar o mitigar la intensidad de la luz, el color o el sonido pasándolos por un filtro. "Las cortinas tamizan la luz que penetra a través de las grandes cristaleras que rodean el rincón".

Discernir: distinguir por medio del intelecto una cosa de otra o varias cosas entre ellas, "discernir el gneis del granito".

Conceder u otorgar a una persona un honor, un premio, un cargo honorífico, etc. "el honor de ser ciudadano romano no había sido discernido a ninguno de los anteriores imperios".

Controlar: dirigir o dominar a una persona o una cosa.

Soltar: hacer que algo o alguien deje de estar asido, atado o retenido.

Bienestar: estado de la persona cuyas condiciones físicas y mentales le proporcionan un sentimiento de satisfacción y tranquilidad. "con este masaje vas a notar una sensación de bienestar general en todo tu cuerpo".

Fe: creencia y esperanza personal en la existencia de un ser superior (un dios o varios dioses) que generalmente implica el seguimiento de un conjunto de principios religiosos, de normas de comportamiento social e individual y una determinada actitud vital, puesto que la persona considera esa creencia como un aspecto importante o esencial de la vida.

Miedo: sensación de angustia provocada por la presencia de un peligro real o imaginario. "La oscuridad le provocaba un miedo cerval" Sentimiento de desconfianza que impulsa a creer que ocurrirá un hecho contrario a lo que se desea. "Tenía miedo de que la fiesta saliera mal".

www.ingramcontent.com/pod-product-compliance
Lightning Source LLC
Chambersburg PA
CBHW031311250726
48656CB00005B/1747